AF401447

Cahier d'Écritures
à L'ENDROIT & à REBOURS;
à l'usage des Écrivains Lithographes, des Graveurs, des Peintres en lettres
Lithographie par CARLES, Écrivain Dessinateur
ÉDITEUR de plusieurs ATLAS, d'Architecture, de Dessin linéaire professionnel, de Géométrie, &c.
12, Rue J.J. Rousseau
PARIS.
1re Édition 1852
V. 21708

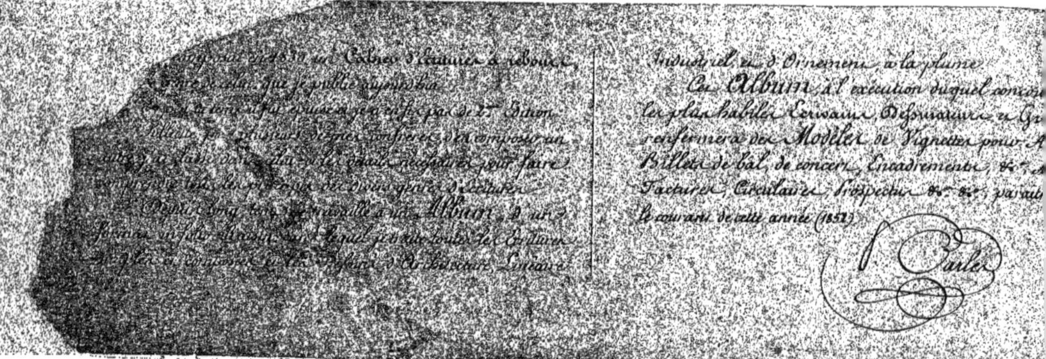

... un Cahier d'Ecritures à rebours,
... celui que je publie aujourd'hui
... fut couronné en 18.. par la 2.me Edition
... plusieurs Seigneurs, confrères, ... en composer un
... la doctrine ... les détails nécessaires pour faire
... les divers genres d'Ecriture
... long-temps travaillé à cet Album ... une
... auquel j'ai dû toutes mes Ecritures
... Industriel et d'Ornement à la plume

Cet Album, à l'exécution duquel conco[urent]
les plus habiles Ecrivains, Dessinateurs et Gr[aveurs]
renfermera des Modèles de Vignettes pour [...]
Billets de bal, de concert, Encadrements, &c [...]
Factures, Circulaires, Prospectus &c. &c., paraît[ra]
le courant de cette année (1852)

Cahier d'Écritures
à L'ENDROIT & à REBOURS;

à l'usage des Écrivains Lithographes, des Graveurs, des Peintres en Lettres, &

Lithographié par CARLES, Écrivain-Dessinateur;

ÉDITEUR de plusieurs ATLAS, d'Architecture, de Dessin linéaire-professionnel, de Géométrie, &ª &ª

12, Rue J.J. Rousseau.

PARIS.
1851

1ᵉʳᵉ Édition. 1852.

Prix 3ᶠ 75ᶜ

1

2ᵉ Exercice.

1ᵉʳ Exercice.

4ᵉ Exercice.

3ᵉ Exercice.

1er Exercice.

2e Exercice.

3e Exercice.

4e Exercice.

2.

3.

6ᵉ Exercice.

5ᵉ Exercice.

8ᵉ Exercice.

7ᵉ Exercice.

5ᵉ Exercice.

6ᵉ Exercice.

7ᵉ Exercice.

8ᵉ Exercice.

5.

10.° Exercice.

9.° Exercice.

12.° Exercice.

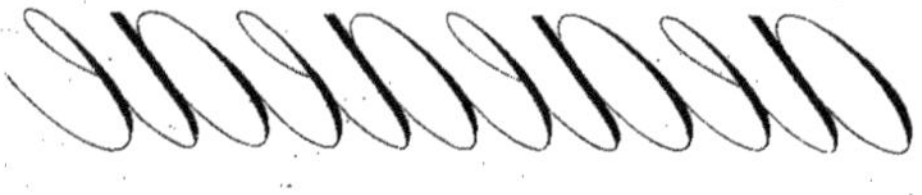

11.° Exercice.

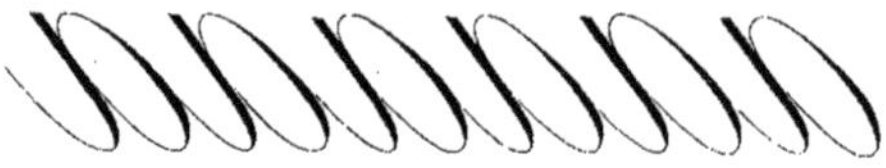

9ᵉ Exercice.

10ᵉ Exercice.

11ᵉ Exercice.

12ᵉ Exercice.

6.

14ᵉ Exercice.

13ᵉ Exercice.

16ᵉ Exercice.

15ᵉ Exercice.

13. Exercice.

nommes

14.^e Exercice.

rueruerue

15.^e Exercice.

esesesese

16.^e Exercice.

xexexer

9.

abcdeffghijklmno

pqrstuvwxyz 1 2 3 &

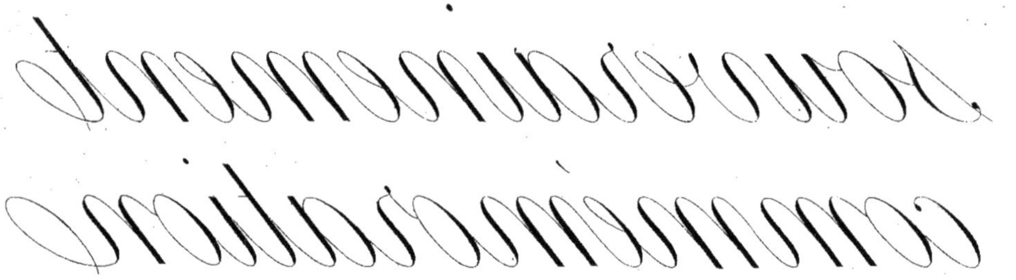

13.

Carles Paris.

souverainement

commémoration

15.

extraordinairement &

sentimentalement. 1852.

12.

Le vrai honnête homme est
celui qui ne se pique de rien.

Le vrai honnête homme est
celui qui ne se pique de rien.

19.
La simplicité affectée est
une imposture très-délicate.

La simplicité affectée est une imposture très-délicate.

Votre sagesse n'est pas moins
à la merci de la fortune que vos biens.

Notre sagesse n'est pas moins
à la merci de la fortune que nos biens.

23

Il n'y a guère de poltrons qui
encachent toujours toute leur peur.

Il n'y a guère de poltrons qui connaissent toujours toute leur peur.

25.

A B C D E F G H I
K L M N O P Q R
S T U V W X Y Z

1234567890

iiiii uuuu ccccccc ooooo aaaaa vvx

commencement. premièrement.

Lithographiquement. 1234567890. B.

iiiiii mmm cccceeee oooaaa vvwx

commencement. premièrement.

Lithographiquement. 1234567890. &c.

CARLES, 12, rue JJ Rousseau.

29.

Aabcdefghijklmnopqrstuvwxyz &

A A B C D E F G H I J K L M

N O P Q R S T U V X Y Z &

1 2 3 4 5 6 7 8 9 0.

Gothique Allemande.

abcdefghijklmnopqrstuvxyz&

Gothique Anglaise.

abcdefghijklmnopqrstuvxyz&

Gothique Allemande.

abcdefghijklmnopqrstuvxyz&

Gothique Anglaise.

abcdefghijklmnopqrstuvxyz&

Paris, S.t Petersbourg, Madrid, Naples, Vienne, &.

A a B b C c D d E e F f G g H h I i j K k L l M m

N n O o P p Q q R r S s T t U u V v X x Y y Z z

Paris, St Petersbourg, Madrid, Naples, Vienne, &^a

Paris, Marseille, Bordeaux, Aix,
Strasbourg, Toulouse, Lyon, Arles.

Paris, Marseille, Bordeaux, Aix

Strasbourg, Toulouse, Lyon, Arles

ABCDEFGHIJKLMNOPQRSTUVWXYZ.

ABCDEFGHIJKLMNOPQRSTUVWXYZ.

abcdefghijklmnopqrstuvwxyz&.- 1234567890.

ABCDEFGHIJKLMNOPQRSTUVWXYZ.

ABCDEFGHIJKLMNOPQRSTUVWXYZ.

abcdefghijklmnopqrstuvwxyz&.– 1234567890.

ABCDEFGHIJKLMNOPQRST
UVXYZ. ROME, LONDRES, ET
abcdefghijklmnopqrstuvxyz&

CARLES, à Paris.

40.

ABCDEFGHIJKLMNOPQRST
UVXYZ. ROME, LONDRES, ET
abcdefghijklmnopqrstuvxyz&

CARLES, à Paris.

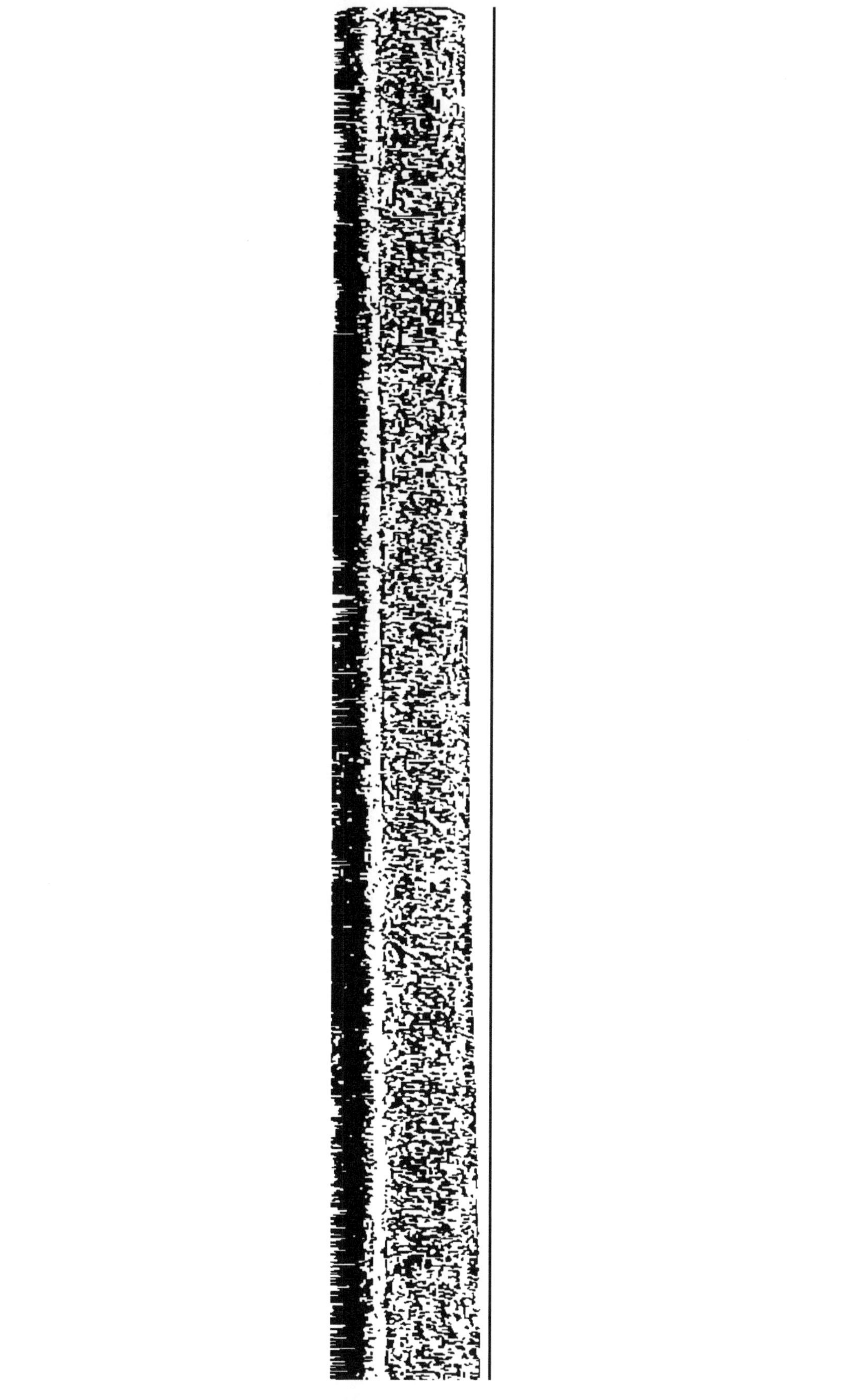